T0379019

VISTA™

Comparar y contrastar

Frases claves para **comparar y contrastar**:

________________ se parece a ___________
en que ______________________________.

________________ se diferencia de _______
en que ______________________________.

Para **comparar y contrastar** dos personas o cosas, piensas: ¿en qué se parecen? Además piensas: ¿en qué se diferencian?

El estado del tiempo

Sal y mira al cielo. ¿Qué ves? ¿Cómo se siente el aire? Así sabes cómo está el tiempo afuera.

El tiempo puede ser cálido o frío. Puede ser húmedo o seco. Es importante saber qué tiempo hace afuera. Cuando sabes cuál es el estado del tiempo, sabrás qué puedes hacer afuera.

Algunos días son soleados. En días soleados, el sol brilla intensamente en el cielo. El cielo es azul. El aire puede sentirse tibio o caliente.

Los días soleados son muy divertidos. Podemos hacer muchas cosas al aire libre en un día soleado: montar bicicleta por el parque, saltar la cuerda en el patio, ir a la piscina o ir a la playa.

Algunos días son nublados. En días nublados, no siempre podemos ver el sol. ¡Se esconde detrás de las nubes! Las nubes se ven ligeras y **esponjosas**. El aire puede sentirse cálido o frío.

Los días nublados también son muy divertidos. Podemos jugar al aire libre y mirar las nubes que **flotan** en el cielo. ¡Podemos ver que tienen formas diferentes!

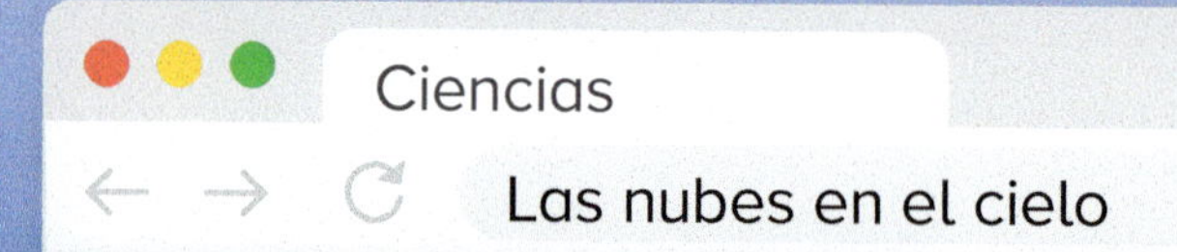

Tipos de nubes

Hay muchos tipos diferentes de nubes. Las nubes nos dicen algo sobre el estado del tiempo.

nubes cirro

Los cirros son delgados. Parecen cintas en el cielo. Cuando ves cirros, el tiempo está cambiando.

nubes estrato

Las nubes estratos son grises. Cubren la mayor parte del cielo. Cuando ves nubes estratos, significa que va a llover.

nubes cúmulo

Los cúmulos son grandes y esponjosos. Cuando ves cúmulos, el tiempo es soleado.

nubes cumulonimbo

Las nubes cumulonimbos son muy altas y oscuras. Cuando ves nubes cumulonimbos, se avecina una tormenta.

Algunos días son ventosos. No podemos ver el viento, ¡pero podemos sentirlo! El viento hace que las ramas de los árboles se doblen. Hace que las hojas caídas den vueltas.

Los días ventosos pueden sentirse fríos. Usamos chaqueta para mantenernos calentitos. Podemos divertirnos en los días ventosos. ¡Podemos volar cometas! El viento sopla nuestras cometas muy alto en el cielo.

Algunos días son lluviosos. En días lluviosos, el cielo puede verse oscuro y gris. De las nubes oscuras caen **gotas de lluvia**. La lluvia forma **charcos** en el suelo. Todo se moja.

En los días lluviosos, nos quedamos adentro. Leemos libros o jugamos. Escuchamos las gotas de lluvia golpear nuestra ventana.

En algunos días lluviosos, vemos **rayos** en el cielo. Después oímos un sonido fuerte. ¡Bum! Ese sonido es un **trueno**. Este tipo de tormenta se llama tormenta eléctrica. Las tormentas eléctricas pueden ser peligrosas. Nos quedamos adentro.

Miramos hacia afuera después de una tormenta eléctrica. Si el sol brilla, ¡podríamos ver un arcoíris! El arcoíris aparece cuando la luz del sol brilla a través de las pequeñas gotas de lluvia.

¿Cómo predicen los científicos el estado del **tiempo?**

Los meteorólogos son científicos que estudian el estado del tiempo atmosférico. Usan muchas herramientas diferentes para decirnos cómo estará el tiempo.

Los meteorólogos utilizan un termómetro para medir el calor o el frío en diferentes lugares del mundo.

Un número alto significa que hace calor.

Un número bajo significa que hace frío.

Los meteorólogos utilizan una veleta para estudiar la dirección en la que sopla el viento. Utilizan un anemómetro para estudiar la rapidez con la que se mueve el viento.

veleta

anemómetro

Los meteorólogos utilizan un pluviómetro para medir cuánta lluvia cae.
El pluviómetro es un recipiente especial que recoge la lluvia a medida que cae.

pluviómetro

barómetro

Los meteorólogos usan un barómetro para medir la presión del aire, o cuánto empuja el aire contra el suelo. Cuando la presión del aire cambia, el tiempo cambia.

SABELOTODO

Los copos de nieve están formados por cristales de hielo que se pegan y forman diferentes figuras. Todos los copos de nieve tienen seis lados.

Algunos días son nevosos. En días nevosos caen copos de nieve de las nubes.
La nieve cubre el suelo. Hace frío y todo está húmedo. El aire también es frío.

Podemos salir en días nevosos. Hay muchas cosas que hacer. Podemos hacer un muñeco de nieve. Podemos construir un **fuerte** de nieve. ¡O deslizarnos por una colina en un trineo!

El tiempo siempre está cambiando. Saber qué tiempo hará nos ayuda a planificar nuestro día. ¿Llevaremos sombrilla o chaqueta? ¿Nadaremos en la piscina o jugaremos en la nieve?

¿Qué tiempo atmosférico prefieres? ¿Qué te gusta hacer cuando hay ese tipo de tiempo?

Ciencias

Las estaciones

El tiempo y las estaciones

El estado del tiempo cambia a lo largo del año. Una estación es un período del año en el que el tiempo se mantiene igual. En muchos lugares de Estados Unidos se dan las cuatro estaciones.

El verano es la estación más calurosa del año. El tiempo es soleado.

El otoño es la época del año en que se recogen las cosechas. El tiempo se pone más frío. Las hojas de los árboles cambian de color y se caen.

El invierno es frío.
A veces cae nieve.
Algunos animales se acurrucan en un lugar seguro y duermen hasta la primavera.

La primavera llega después del largo y frío invierno. El tiempo se vuelve cálido.
Las plantas florecen.

charcos pequeñas cantidades de agua que se acumulan en el suelo

esponjosas suaves y llenas de aire

flotan se mueven lentamente por el aire o el agua

fuerte construcción de paredes altas para proteger a las personas

gotas de lluvia forma en que cae el agua de las nubes

rayo destello de luz que se ve en el cielo durante una tormenta

trueno sonido que hace el rayo

Photography and Art Credits

All images © by Vista Higher Learning unless otherwise noted.

Cover: (t) Evgeny Atamanenko/Shutterstock; (mt) FatCamera/Getty Images; (mb) Tom Werner/Getty Images; (b) TY Lim/Shutterstock; (background) Le Panda/Shutterstock.
Master Art: Le Panda/Shutterstock; **4-5:** PeopleImages/Getty Images; **6:** Tetra Images/Getty Images; **7:** (t) Sergey Novikov/Alamy; (m) Tang Ming Tung/Getty Images; (b) Design Pics/Alamy; **8:** Sean Gladwell/Getty Images; **9:** (t) HayDmitriy/Deposit Photos; (b) Johnstocker Production/Shutterstock; **10-11:** (background) Kzww/Shutterstock; **12:** (t) Jillian Cain Photography/Shutterstock; (b) Alexey Lysenko/Shutterstock; **13:** (t) Chalermpon Poungpeth/Shutterstock; (b) Lane Oatey/Blue Jean Images/Getty Images; **14-15:** Thomas Winz/Getty Images; **14:** LeManna/Shutterstock; **15:** (t) Alenaloginova/Alamy; (m) Jeff Greenough/Getty Images; (b) Kanok Sulaiman/Getty Images; **16:** Jeff Gammons StormVisuals; **17:** Daniel Krylov/Shutterstock; **18-19:** (background) Jr images/Shutterstock; Udovichenko/Shutterstock; **20-21:** Melinda Nagy/Shutterstock; **20:** Alexey Kljatov/Shutterstock; **21:** (t) Jaren Wicklund/Alamy; (m) Vicky Kasala Productions/Getty Images; (b) BlueSkyImage/Shutterstock; **22:** (t) FatCamera/Getty Images; (m) Tom Werner/Getty Images; (b) Evgeny Atamanenko/Shutterstock; **23:** (t) PeopleImages/Getty Images; (m) Robert Daly/Getty Images; (b) TY Lim/Shutterstock; **24:** (l) Peter Cade/Getty Images; (m) Jasmin Merdan/Getty Images; (r) Smit/Shutterstock; **25:** (tl) Standret/Shutterstock; (tr) MI7/Shutterstock; (bl) Breck P. Kent/Shutterstock; (br) Shebeko/Shutterstock; **26:** (tl) LeManna/Shutterstock; (tr) Vicky Kasala Productions/Getty Images; (mtl) Sean Gladwell/Getty Images; (mtr) Thomas Winz/Getty Images; (mbl) Johnstocker Production/Shutterstock; (mbr) Santima Suksawat/Alamy; (br) Jeff Gammons StormVisuals.

500 Boylston Street, 10th Floor
Boston, MA 02116-3736
www.vistahigherlearning.com
www.loqueleo.com/us

Dirección Creativa: José A. Blanco
Vicedirector Ejecutivo y Gerente General, K–12: Vincent Grosso
Editora Ejecutiva: Julie McCool
Desarrollo Editorial: Salwa Lacayo, Lisset López, Isabel C. Mendoza
Diseño: Radoslav Mateev, Gabriel Noreña, Andrés Vanegas, Manuela Zapata
Coordinación del proyecto: Karys Acosta, Andrea Cubides, Tiffany Kayes
Derechos: Jorgensen Fernandez, Annie Pickert Fuller, Kristine Janssens
Producción: Thomas Casallas, Oscar Díez, Sebastián Díez, Andrés Escobar, Adriana Jaramillo, Daniel Lopera, Daniela Peláez, Daniel Tobón

El estado del tiempo
ISBN: 978-1-66993-991-7

Published in the United States of America

1 2 3 4 5 6 7 8 9 GP 30 29 28 27 26 25